LA
CROIX DE LA FEUE REINE

PAR ABRÉVIATION

CROIX-FEUE-REINE, CROIX-FURÊNE,

Chronique Percheronne,

PAR

LE Dr JOUSSET,

Médecin de l'Hôpital de Bellême, etc.

Dans la soirée du 26 août 1855, s'accomplissait une cérémonie religieuse qui laissera de longs souvenirs d'émotion dans une partie de la province du Perche. Après les vêpres, les processions des quatre paroisses de Bellême, de Saint-Martin, de Serigny et d'Appenay, croix en tête, bannières au vent, s'accompagnant des chants grégoriens si majestueux dans leur expression, se rendaient au lieu de la *Croix-feue-Reine*, à deux kilomètres de Bellême, sur la route impériale du Mans, territoire de St-Martin. Là se déploie aux regards de l'observateur un des plus beaux spectacles de ce pays du Perche si riche en perspectives variées : la vallée qui se déroule

1855

devant soi est immense; le bourg de Saint-Martin, de populeux villages animent l'étendue; la forêt de Bellême de son vert rideau longe le paysage; à droite, la ville de Bellême se déroule sur la crête de la montagne; à gauche, la vue se perd dans les horizons lointains. Il n'existe pas de fête sans soleil; la vive clarté d'août inondait de ses tons chauds cet imposant spectacle.

Le lieu de la Croix-feue-Reine se compose d'une longue promenade parallèle au bord de la route, plantée de deux rangées d'ormeaux vieux, noueux, tordus par le vent d'ouest; ce lieu, très en évidence de loin et dans plusieurs directions, est resté inscrit dans le souvenir de plusieurs générations. Dans la pensée de chacun, deux mots s'associent invariablement : la Croix, la reine Blanche. Que signifient ces mots? Peu vous le diront; des recherches empêcheront que l'histoire reste muette sur ce point. La croix, signe représentatif de tous les faits du moyen-âge, rappelle ici le passage et le séjour de la femme illustre qui présida longtemps aux destinées de la France; la reine deux fois régente, la reine la plus méritante de toutes les reines, Blanche de Castille, la digne mère de saint Louis.

La pluie qui assombrit tristement les monuments de notre pays, le temps, ce ravageur sans pitié, avaient achevé de ruiner l'ancienne croix au commencement de ce siècle. Une famille qui se recommande par sa foi chrétienne, avait nivelé cette promenade et rétabli monumentalement la croix, hommage rendu à la femme éminente, au saint roi qui aima son peuple, fit converger vers cet amour — toutes les pensées, toutes les actions de la vie, et comprit sévèrement les austères et importants devoirs de la royauté.

L'inauguration, la bénédiction de cette croix étaient l'objet de la cérémonie. Le jour avait été heureusement choisi ; c'était le dimanche qui suivait immédiatement le jour où la religion célèbre annuellement la mémoire du saint roi. Un prédicateur aimé de la foule, le missionnaire Pasteau dit, en termes éloquents et inspirés par le sujet, le but de la cérémonie, la pensée qui présida à l'érection du monument, ce que le signe de la croix renferme d'amour, de fraternité, et son influence tutélaire sur les actions principales de notre vie. Chaque jour Caïn tue encore son frère Abel sur le champ de bataille, dans les actes de la vie privée et journalière ; mais celui qui mourut sur la croix appelle crime tout ce qui se passe en dehors de l'adoration de Dieu et de la charité envers le prochain.

La croix en pierre résistante et d'un éloquent modèle regarde l'ouest. Sur le socle vers l'ouest on lit :

LA CROIX - FEUE - REINE.

BLANCHE DE CASTILLE,

MÈRE DE SAINT LOUIS.

Vers l'est, une pierre horizontale porte :

CRUX ERECTA IN ME. MATRIS SANCTI LUDOVICI
AN. DO. MCCLII E VIVIS EGRESSOE.
INSTAURATA FUIT
AN. DO. MDCCCLV.

M. Delaunay en rétablissant la Croix de la feue Reine a fait une bonne action qui conservera pour les générations suivantes un fait considérable de notre histoire provinciale. Le fait historique que la croix rappelle s'est passé au début de la carrière politique de Blanche : Son époux le roi Louis VIII venait de mourir, son fils appelé à lui succéder avait douze ans et la régence était déposée par Louis VIII aux mains d'une femme. Les grands du royaume, très insoumis de leur nature, complotèrent de se soustraire à l'autorité royale. Sous prétexte de ne devoir pas reconnaître le pouvoir d'une étrangère, ils se coalisèrent, et commirent même la faute d'invoquer le secours de l'étranger, de l'Anglais.

Un de ces seigneurs, le plus puissant de tous par ses possessions, son habileté militaire, Pierre de Mauclerc (le mauvais clerc), duc de Bretagne, aidé des grandes maisons poitevines, le premier s'agita. Blanche ne s'effraya point de ces difficultés ; douée d'une forte organisation, d'une merveilleuse puissance, ayant la soif et le génie du pouvoir, possédant la force, le courage, la persévérance, toutes les vertus viriles sans rien perdre de l'adresse ni des grâces insinuantes de son sexe, elle résolut de tenir tête à l'orage, de prendre même l'offensive contre Mauclerc, et convoqua le ban royal dans cette intention, au printemps de 1228.

Les suites de la guerre amenèrent l'armée royale dans la province du Perche en plein hiver. La reine, assistée de Thibault de Champagne et des autres barons, mit le siége devant le château de Bellême que Mauclerc tenait en fief de la couronne. Le duc renonça à son hommage envers Louis IX et défia personnellement le roi (il avait quinze ans), janvier 1229. Il y avait longtemps qu'on n'avait vu un si éclatant exemple de la rupture du lien féodal. Le plateau sur lequel l'armée était campée est le lieu dit aujourd'hui, par commémoration, la Croix-feue-Reine, en face de Bellême. Le siége du château de Bellême ne fut point œuvre facile. Il fallait retenir les troupes sous le drapeau, contrairement aux habitudes militaires qui ne retenaient les combattants que pendant la saison d'été. Aux difficultés obsidionales s'ajoutèrent les obstacles de la saison ; on était en hiver, et le mois de janvier habituellement froid dans le Perche fut cette année d'une rigueur inaccoutumée. Le plateau de la Croix-feue-Reine est élevé et exposé au vent froid du nord. Soldats, chevaux, bêtes de somme, succombaient à l'intensité de la saison. On amoindrit cette rigueur par une destruction immense d'arbres dans ce pays naturellement boisé et couvert. Tout y passait indistinctement. Autre obstacle : la guerre d'alors était une dévastation générale des hommes et des choses de la terre ; les guerriers de l'un et l'autre parti livraient à la destruction villes, bourgs, chaumières, produits de l'agriculture. Après ces ravages, les moyens de subsistances devenaient fort difficiles pour les armées suivantes. Le gouverneur du château de Bellême sommé de se rendre, répondit qu'il ne livrerait point ce qui lui appartenait : *reddere non volebat affirmans illud ad suam jurisdictionem pertinere.*

Les premières tentatives d'attaque furent sans résultat. La forme de l'ancien emplacement du château telle qu'elle subsiste encore, malgré des travaux de déblayement et d'aménagement entrepris à des époques diverses, donne l'idée de l'obstacle de la lutte et du succès momentané de la défense. Nul lieu dans le pays n'est plus élevé, plus circonscrit, plus entouré de pentes abruptes. Le ravin de Saint-Santin, conservé dans son état primitif, donne l'idée des difficultés naturelles qui protégeaient l'asile de Mauclerc. Au commencement du siècle subsistaient encore de puissantes masses de maçonnerie, des tours, des murs d'enceinte, tous obstacles ajoutés par la main de l'homme à une position que la nature avait admirablement préparée pour la défense. Les ingénieurs de l'armée de Blanche, habiles dans l'art des siéges, comme on l'était alors, mettant en jeu les machines de sape, de mine et de renversement, employèrent toutes les ressources de la guerre. Des tentatives successives de brèche étant restées sans succès, de puissantes machines, dites *Mangonnaux,* qui lançaient des pierres d'une grosseur prodigieuse contre les murailles et d'autres plus petites contre les assiégeants, furent dirigées contre le château et achevèrent ce qu'avaient préparé les efforts précédents. Les défenses d'approche furent forcées, les habitants et les soldats poursuivis d'abri en abri s'avouèrent vaincus et invoquèrent une clémence qui leur fut généreusement accordée.

Cette conquête faite, les autres du pays devenaient aisées. Se rendirent successivement : La Perrière, Saint-Jacques-de-Beuvron, Villeray, Clinchamps, Ceton, Préaux, Le Theil, et autres lieux. Le roi d'Angleterre abandonna le duc de Bretagne vaincu.

En juin 1234, Blanche jugea trop difficile d'accabler Mauclerc, et comprit la nécessité d'une transaction ; on convint d'une trêve de trois ans. Ce fut la fin des troubles de la minorité de Louis IX. Les Ligueurs avaient échoué dans leurs efforts *pour fouler et jeter hors l'étrangère,* comme ils disaient, alors que le fils de l'étrangère n'était qu'un enfant des affections, duquel on n'avait point à tenir compte.

L'enfant se fit homme.

Blanche pendant sa longue vie conserva une grande influence sur l'esprit de son fils, dont chaque heure était remplie par l'accomplissement des devoirs du gouvernement, des actes de justice, des pratiques de piété. A Blanche, la mère tendre, mais passionnée pour ses devoirs, sont attribuées les énergiques paroles que voici :

« Ce fils que j'aime sur toutes les créatures mortelles, s'il était malade à la mort et qu'il pût être sauvé en péchant une seule fois avec une femme qui ne fût pas sienne, plutôt le laisserai-je mourir qu'offenser son créateur par un seul péché mortel. »

« On montre encore, dit Joseph Fret, sur la route de Bellême au Mans, l'endroit où la reine Blanche, à la tête de son armée, adressa au ciel ses actions de grâces pour la faveur signalée accordée à son fils. En mémoire de cet évènement on y arbora le signe du salut ; cette croix toujours renouvelée, porte encore le nom de Croix-feue-Reine, c'est-à-dire Croix de la feue Reine. »

D'autres prétendent au contraire que la reine demanda en ce lieu l'assistance du ciel pour le succès de ses armées. La tradition varie à ce sujet ; toujours est-il que Blanche s'y livra à un acte de religion.

De nouveau la croix apparaît et brille au lieu de la Feue-Reine. La croix, ce signe de la loi de Dieu et du secours divin, elle est chez nous, aux champs, aux carrefours, aux maisons. La foi naïve de nos aïeux la multipliait partout ; elle était la pensée, l'effort, l'espérance de tous. Mais ne nous abusons pas, l'histoire implacable dans sa vérité nous l'apprend, la croix ne fut pas toujours l'emblême du bonheur, de la prospérité populaire ! La croix aux champs, sous sa protection le pauvre s'abritait contre la rapacité du puisssant. Au carrefour, elle fut plus d'une fois un signe d'expiation. Le foyer domestique s'abrita sous son égide. Au milieu de tant de maux qui font le partage de l'homme, de tant de douleurs qui l'affaissent sans presque de repos, ce signe le ranime et le console un peu. Alors celui qui n'a·pas toujours le pain du jour pour soutenir sa vie, des vêtements pour couvrir ses membres nus, une poignée de paille pour dormir dessus, s'exclamera vers le signe protecteur, et le malade qui languit ne sera pas privé de secours sur sa pauvre couche; le malheureux ne pleurera pas sans que personne pleure avec lui, le petit enfant ne s'écriera pas transis de froid de porte en porte sans que la miette de pain lui soit accordée.

Dans cette partie du Perche, le signe de la croix préside à une infinité d'actes de la vie. La ménagère trace le signe avec son couteau sur le pain nourricier qui va faire le mets principal du repas modeste de la famille. La main émue épargnée par la flamme de la foudre reproduit le signe sacré, etc. Respectons ces pratiques de la foi. C'est toute une religion pour l'homme simple dont le travail est la vie entière, dont le labeur incessant est la plus longue prière et la plus agréable à Dieu. A-t-il le loisir de se recueillir autrement que dans une rapide

pensée vers son créateur ! Du reste, l'ami de
la vie contemplative trouve dans la médita-
tion sur la croix un aliment dont il ne sera
jamais rassasié, car :

> « Dans la croix est la force de l'âme,
> dans la croix l'allégresse de l'esprit,
> dans la croix le comble de la vertu,
> dans la croix la perfection de la sain-
> teté. Il n'y a ni salut pour l'âme, ni es-
> pérance de la vie éternelle, si ce n'est
> dans la croix. » (Livre II, chapitre XII,
> *Imitation*.)

A son heure, le fils valeureux de Blanche
porta la croix et la bannière de France aux
champs de l'Orient. Aux rives de l'Orient
aujourd'hui flamboie une nouvelle fois le
drapeau de la France. La croix y console bien
des douleurs et des fatigues infinies, et la religion bénit des morts glorieuses. Puisse la
croix aussi assister à de prochains triomphes.
A l'Orient, des races affaissées sous on ne
sait quelle malédiction, subissent un joug
pesant qui les accable ; elles marchent cour-
bées : que la croix du Christ les touche et les
redresse, car il se passe dans le monde
quelque chose d'inusité, la terre tressaille et
il se prépare un nouveau travail de Dieu.
Les nations luttent sans relâche et puisent
des forces dans cette lutte. Elles cesseront de
dire : celui-là est d'un peuple, je suis d'un
autre peuple ; car les hommes égaux entre
eux sont nés pour Dieu seul. Sans doute,
dans ses rêves d'espérance et d'amour pour

l'humanité, l'esprit du fils de Blanche s'illumina ; dans des horizons lointains lui apparurent les nations s'unissant dans un lien de fraternité, et les hommes plus que jamais entrant dans le principe de la croix, la loi de Dieu, la loi de charité. Le roi saint vit, dans ses aspirations généreuses, la croix, ce signe du salut pour tous, cesser d'être la torche qui incendie ; comme à son origine elle n'est plus que le flambeau qui éclaire, le torrent qui souvent a dévasté devient le fleuve paisible et fécondateur qui porte dans ses flots tranquilles des trésors infinis. Satan fuit, et le Christ entouré de ses anges règne dans toute sa gloire.

Après les prières d'usage, l'assistance religieuse se sépara en chantant les strophes héroïques du cantique triomphal

> Te per orbem terrarum
> Sancta confitetur ecclesia
> Patrem immensæ majestatis.

« Partout l'univers, l'église célèbre ton saint nom, ô Seigneur, père de toutes les majestés ; ton nom trois fois saint, inscrit dans les hauteurs des cieux ! »

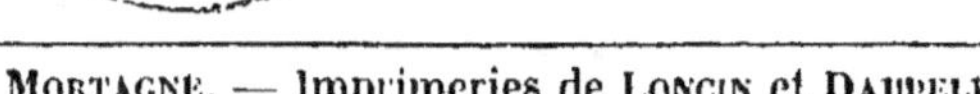

MORTAGNE. — Imprimeries de LONCIN et DAUPELEY.

www.ingramcontent.com/pod-product-compliance
Lightning Source LLC
LaVergne TN
LVHW022254030726
842520LV00009B/2824